Audi fahren

Satz: DTP Dompteuse
Druck und Bindung: Sebald Sachsendruck, Plauen
2 3 4 5 01 00 99 98
Auflage Jahr
(jeweils erste und letzte Zahl maßgeblich)

ISBN 3-8231-1048-9

Dieses Buch wurde auf chlorfrei gebleichtem Papier gedruckt.

Audi fahren

Ein fröhliches Wörterbuch für alle,
die richtig hören und fahren können.

Von Wolfgang Steinberg
mit Zeichnungen von Heinz Wildi

TOMUS

Abrollkomfort

A

A	Modellkennzeichnung für Audis. Ähnlich der Deutschen Industrie-Norm (DIN) für Papiergrößen. Im Gegensatz zu den Papiergrößen, wo eine hohe Zahl hinter dem A eine kleine Größe bezeichnet, ist man bei Audi den umgekehrten Weg gegangen. Große Zahl hinter dem A = großes Auto. Als kleinstes Auto gibt es bisher den A3. Für einen möglichen A1 werden wir uns auf eine hochgezüchtete Hutschachtel mit ABS und Allradantrieb freuen dürfen.
A8	a) Top-Modell von Audi. Nachfolger des V8 (siehe dort) und preisgünstige, echte Mercedes-S-Klasse-Alternative. Die Preisführerschaft wurde durch einen genialen Produktionseinfall erreicht: Verdopplung eines A4 ergibt einen A8. b) Abkürzung für acht A. Alle Achtung: „Aktueller, ausgezeichneter Audi als ästhetischstes Automobil am Automarkt!“
Abfallrückführung	Managementprozeß im Audi-Werk. Nicht mehr gebrauchte Führungskräfte werden „entsorgt“ zur VW-Zentrale nach Wolfsburg oder zur Konkurrenz.
Abrollkomfort	Bezeichnung für den Komfort der Fahrzeuginsassen bei sportlichen Übungen, wie z. B. beim Abrollen des Audi oder beim einfachen Überschlag, allerdings nicht beim doppelten Salto mit Schraube. Audi-Neulinge benutzen als Sicherheitsnetz ausfahrbare Kissen (siehe auch Airbag), die im Falle eines Falles den Sturz mildern.
ABS, 4-Kanal	Neue technische Entwicklung eines Bremssystems mit vier Kanälen von Audi, Ergebnis der fünften Entwicklungsgeneration. Entstand, als ein Audi-Entwicklungsingenieur beim Entrümpeln sein altes Quadrophonie-Hi-Fi-System in die Hände bekam. Dieses Konzept „abgekupfert“ für das Antiblockiersystem – fertig war das Audi-4-Kanal-ABS. Die Bezeichnung Quadrophonie-ABS scheiterte am Einspruch der Entwicklungsabteilung Quattro-Allradantrieb, die Verwechslungen in

der täglichen Nutzung befürchteten. Die interne Diskussion führte zu einer Managementanfrage der Abteilung Radio, ob denn an eine Wiedergeburt einer Quadrophonie-Stereoanlage für die Zukunft gedacht sei.

Abschlepphaken Eine Art von Angelhaken, mit dem man in der Disko angeln geht, um anschließend jemanden in seinem Audi abzuschleppen. Hat man das Opfer beim Technogezappel oder Tanz gesichtet, so ruft man als männlicher Besucher: „Au! Die!“ Als Frau ruft man nicht etwa „Au! Der!“, sondern ebenfalls „Au! Die!“, nämlich als Plural.

Abschleppseil Will man beim Abschleppen keinen Partner mit Haken, sondern längeranhaltende Seilschaften anknüpfen, sollte man statt des Abschlepphakens das Abschleppseil mitnehmen.

Abstandswarngerät Akustisches Warngerät in jedem Audi. Besonders für Fahrer mit TDI-Motorisierung. Warnt den Fahrzeugführer, wenn er zu früh in die Nähe einer Tankstelle kommt.

Abstimmung Bezeichnung für eine demokratische Form der Entscheidungsfindung. Die Audi-Fahrer nehmen die Abstimmung mit dem Gaspedal vor, die Audi-Mechaniker mit dem Schraubenschlüssel.

8x4

a) Berechnungsformel für den 32-Ventiler von Audi.
b) Geplante Werbung einer Tennisdame für einen Audi mit eingebautem Deodorant, den man während des Sports benutzt.

---

80 Erfolgreiche Audi-Modellreihe seit 1966. Die Bezeichnung stellt die Zielvorstellung dar, das Modell bis 1980 zu bauen.

Achtzylinder Topmotorisiertes Modell von Horch in den 30er Jahren. „Horch, was kommt von draußen rein“, sangen die Mäuse in der Garage.

A3 Beliebtes und sehr bewährtes Audi-Modell der Kompaktklasse. Die Bezeichnung offenbart den Wunsch der Verkaufsabteilung, über die

Abstandswarngerät

	Autobahn A3 möglichst viele Auslieferungen über den Weißwurstäquator in Richtung Norden zu schaffen.
Adrenalin	Lebenselixier. Was für das Audi-Fahrzeug sein Benzin, ist das Adrenalin für den Audi-Fahrer.
Aerodynamik-Paket	a) Ausstattungspaket zur Verbesserung der Windschlüpfigkeit eines Audis oder Audi-Fahrers. Beinhaltet u. a. ein Buch mit schlüpfrigen Witzen und eine Feile zur Anpassung der Außenhaut. b) Kneifzange zum Entfernen der Antenne sowie ein Hammer zum „Rückbau" der Außenspiegel.
Airbag	Neudeutsche Bezeichnung für Luftrettung, Pralltüte oder luftgefülltes Kissen, die in Automobile eingebaut sind. Manche Autofahrer befürchten, der Airbag könne platzen. Doch darauf dürfen sie in der Regel ewig lange warten. Besser, man nimmt einen herkömmlichen Luftballon oder die Tüte vom Bäcker, um den Fahrer zu erschrecken.
Airbag, Fullsize	Airbag für Audi-Fahrer mit Übergewicht, auch als XXL-Version erhältlich.
Alkohol	Einziger Treibstoff für Mensch und Auto. Leider den meisten Audi-Fahrern zu schade, um ihn ins Auto zu kippen, weshalb sie lieber Benzin nehmen.
Allradantrieb	Geniale Audi-Technik. Dadurch, daß alle vier Räder angetrieben werden, wird das Hochschnellen der Vorderräder beim Hinterradantrieb (bzw. der Hinterräder bei Vorderradantrieb) verhindert. Schade, der Wagen kann deshalb nicht mehr abheben.
Allradantrieb, permanenter	Erfindung von Audi, um dem vergeßlichen Zeitgenossen das lästige Ein- und Aussschalten des Allradantriebs zu ersparen.
Allradlenkung	Wichtige Voraussetzung für eine neue Sonderprüfung bei der Rallye Monte Carlo. Dabei muß der Fahrer eine bestimmte kurvenreiche

Allradantrieb

Strecke zurücklegen, während alle Räder seines Autos in verschiedene Richtungen lenken.

Alltagstest — Fahren im Zeitraffer. Simulation der banalen Tätigkeit eines Autolebens in kurzer Testzeit. Nicht: mit doppelter Zuladung und 180 km/h in die Kurve brausen, sondern Schleichfahrt.

Aluminium — Teilweise aus Coladosen gewonnener Rohstoff, um daraus einen Audi zu bauen. Versuche eifriger Dosensammler, ihren Müll gegen einen Audi einzutauschen, scheiterten bislang allerdings.

Anhänger

a) Aufnahmeeinheit von Anhängern der Audi-Modelle. Wenn der Anhang nicht mehr in einen Audi paßt, braucht man deshalb noch keinen Bus zu kaufen. Die Fangruppe findet einfach im Anhänger Platz, und der Fahrer im Audi hat seine Ruhe und schont die Polster.
b) Bei Verwendung eines Anhängers steigt der von den Audi-Ingenieuren mühsam verbesserte c_w-Wert schlagartig in die Dimension des Wertes für ein Scheunentor. Anhänger daher nur sparsam verwenden!

Apfelsinenhaut

a) Ausdruck der Naturverbundenheit auch der neuesten Audi-Modelle. Einige erlesene, seltene Fahrzeuge werden so lackiert, daß sie der Schale einer Apfelsine gleichen.
b) Manche Fahrerinnen finden dann, daß ihr neuer Audi hautnah zu ihnen paßt.

A6 — Audi-Modellreihe. A3-Spaß im Doppelpack. Doppelt so gut, doppelt so teuer.

Audi

a) Hübsche Tochter von VW, die aber von der Auto Union, der NSU Motorenwerke und anderen Vätern gezeugt wurde.
b) Hersteller von Familienkutschen zum Lateinlernen der mitfahrenden Kinder. Neben dem großen Latinum erreichen die Schüler auch das kleine Auditum.

Audi

Audi duo

Audideklination	Begriff aus den Sprachwissenschaften. Für Audi: audire – audi – audio – audo – Auto.
Audi duo	Zwitter eines Audi-Modells aus TDI- und Elektroantrieb. Kommt ohne Kupplungspedal aus, da die Sensorik erkennt, welche Schaltabsicht der Fahrer hat. Geplant ist eine weiterentwickelte Sensorik, die erkennen soll, wann ein Audi-Fahrer einen Unfall beabsichtigt, so daß frühzeitig die Airbags aufgepustet werden können.
Audi Front	a) Erster Audi mit Frontantrieb von 1938! b) Im Gegensatz zur Kriegsfront ging's an der Audi-Front im wesentlichen friedlich ab.
Audi G	Ehemaliges, sehr preiswertes Audi-Modell. Abkürzung für Audi-Geil, damit auch die Jugend sich einen Audi leisten konnte.
Audi-Händler	Dealer, bei dem Ekstase-süchtige Autofahrer sich ihren Audi kaufen.
Audi K	Eines der ersten deutschen Autos mit Linkslenkung. Antwort auf die Forderungen der Linkshänder nach Gleichberechtigung.
Audimax	Der größte Audi. Er wird speziell für Studententrupps gebaut, die damit in die Uni fahren.
Audio	Allgemeiner Ausdruck für Hörgenuß. Wahre Audi-Kenner identifizieren ihre Fahrzeuge über den guten Ton auch blind. Sie brauchen dazu kein Video.
Audi online magazin	Spezielle Autobahn für Audi-Fahrer, die ihr Fahrzeug im Internet surfen lassen wollen.
audire	Klingt nach Latein. Hört der Audi-Fahrer nur, wenn seine Kinder auf der Rückbank Vokabeln pauken müssen.

Auditorium	Chemische Verbindung aus dem Element Thorium und einem Audi. Das Produkt ist radioaktiv. Audi-Insassen werden deshalb zu aktiven Radiohörern.
Audi-Zentrum	Überdimensionale Garage in Form eines Flugzeug-Hangars mit vielen neuen Audis aller Größenklassen und Modelltypen sowie einigen Verkäufern, die einem häufig sagen, daß man auf das gewünschte Auto nun doch leider „etwas" warten müsse.
Ausstattungsliste	a) Gedruckte Liste. Hier sind die vielen besonderen Extras aufgeführt, für die man extra diese Liste gemacht hat. b) War früher länger als heute. Mit anderen Worten, heute gibt's schon in der Grundausstattung mehr Audi als früher.
Aussteuer	Wer einen Audi-Fahrer heiraten will, braucht Proconten (siehe dort).
Auto Union	Künstlich im Reagenzglas der Wirtschaftsgeschichte im Jahre 1932 aus den Automobilwerken Audi, DKW, Horch und Wanderer gezeugt. Als Markenzeichen wurden schließlich die vier ineinander verschlungenen Ringe gewählt, die die verschlungenen Managementstrukturen symbolisierten.
Autobahn-Nummern	Mit dem Buchstaben A für Autobahn durchgeführte Numerierung der deutschen Autobahnen. A3, A4, A6 und A8 werden von Audi auf manchen Fahrzeugen verewigt, obwohl sie alle nicht durch Ingolstadt führen.
Automatik	a) Technisches Meisterwerk, welches das Schalten übernimmt. Für jene, die nicht so schnell schalten können oder wollen, verwaltet sie selbsttätig alle Gänge. Sportliche Audi-Fahrer sind jedoch oft noch bereit, selbst Hand anzulegen, wobei sie sich dann lieber eines Schaltknüppels bedienen. b) Vorgang der Selbststeuerung.

Autobahn-Nummern

Autotelefon

Automobil Aus dem Griechischen zusammengesetztes Hauptwort. Paßt heute nicht mehr so richtig zusammen. Auch viel Auto macht häufig nur noch wenig mobil.

Automobiltechnik Die zukunftsweisende Symbiose von Technik und Automobil ist Grundlage eines jeden Audis.

Autoradio Stauinformationseinheit im Audi.

Autorecycling Familieninterner Umweltschutz, den ein Audi-Fahrer praktiziert. Beim Kauf des neuen Modells bringt er das „alte" Auto nicht zum Schrotthändler, sondern gibt es an seinen Yuppie-Sohn weiter. Dieser verwertet wiederum das gestiegene Prestige, um bei der Damenwelt Eindruck zu schinden.

Autotelefon Einrichtung in Audis. Nimmt dem Fahrer das lästige Wählen, Anrufen, Sprechen und Auflegen etc. ab. Geht alles automatisch.

Avant
a) Abkürzung für das italienische *avanti.* Bedeutet soviel wie: „Schnell!", „Tempo!" oder „Zack, zack!"
b) Bezeichnung für die Steilheck-Variante des A4 und des A6, die besonders schnell sind.

B

Batterie
a) 12-Volt-Spannungserzeugerin. Sie setzt die Elektrik im Audi unter Spannung. Der Fahrer selbst wird erst angespannt, wenn sie ausfällt.
b) Andere Bezeichnungsform für „Elektronengaleere".

Batteriekabel
a) Bezeichnung eines Kabels, welches in eine Legebatterie für Hühner führt.
b) Geniale Entwicklung von Audi, bei der ein einziges Kabel als

Stromspannungsspeicher selbst genügt. Damit entfällt das lästige Nachfüllen der Batterie. Nachteil: von anderen Kabeln nicht zu unterscheiden und deshalb stromschlaggefährdend.

c) Ökologische Ausstattung von Audi-Modellen zum stadtnahen Naturschutz. Des Marders Frühstücksdiät.

Batterieleuchte

a) Beleuchtungsmittel für Autobatterien. Befindet sich nicht – wie man denken sollte – im Motorraum, sondern im Hauptfahrzeugschlüssel. Ziemlich umständlich.

b) Ausdruck des Trends zur Miniaturisierung im Fahrzeugbau. Während bei anderen Automobilherstellern die Beleuchtung der Batterie einen großen Platz im Motorraum einnimmt, baut Audi die Batterie in jeden Zündschlüssel ein.

Beifahrer

a) Person, die neben dem Fahrer den Beifahrersitz bevölkert. Müßte eigentlich Dabeifahrer heißen, da er nicht „bei", sondern immer „dabei" ist.

b) Wenn der Beifahrer schläft, wird er zum Beischläfer.

Beifahrersitz-Höhenverstellung

a) Erfindung von James Bond. Hatte in seinem Aston Martin eine raketenbetriebene Beifahrersitz-Höhenverstellung. Premiere ging schief – Beifahrer flog samt Sitz durchs (geschlossene) Dach.

b) Audi-Niveauanhebung des Beifahrers auf Fahrerniveau. Hat der Beifahrer einen Volksschulabschluß und der Fahrer Abitur, geht es nicht, während die Niveauanhebung auf Realschulabschluß möglich wäre.

Beschleunigung

Phase zwischen Anfahren und Höchstgeschwindigkeit. Es sei denn, letztere wird durch einen mehr oder weniger stark bremsenden Baum nicht mehr erreicht.

Bleifuß

Neben dem Plattfuß eine der häufigsten Fußerkrankungen von Langzeitfahrern. Zur Behandlung werden von bayerischen Heilkundigen tägliche Fußbäder und Massagen mit bleifreiem Benzin empfohlen.

Beifahrer

Bodenhaftung

Blei-Vlies-Technik Technische Batterie-Innovation beim Audi duo (siehe dort). Dabei werden 22 Batterien in Reihe geschaltet, so daß sie 264 Volt Spannung erzeugen. Beliebte Rechenaufgabe in Ingolstadt: Wie viele Batterien benötigt man nun, um 660 Volt Spannung zu erzeugen?

Blinker Fahrtrichtungsanzeiger. Benutzt der flotte Audi-Fahrer oft auch auf der linken Autobahnspur, obwohl er von dort gar nicht nach links abbiegen kann!

Bodenhaftung Audi-Werkgarantie gegen vorzeitiges Abheben.

C

Cabrio Kurzbezeichnung eines Audi-Cabriolets. Obwohl das Dach fehlt, man also eindeutig weniger Auto bekommt, muß der Cabrio-Käufer tiefer in die Tasche greifen, um ein solches Gefährt zu erstehen. Neben kalten Ohren und Schnupfen erhält er allerdings auch viel Fahrspaß pur.

Car-Sharing Modische Form der Automobilnutzung. Mehrere Leute kaufen sich zusammen ein Auto und nutzen es gemeinsam. Z. B. bekommt montags Willi die Räder, den Beifahrersitz und die Kofferraumklappe, Erna die Batterie, das Lenkrad und den Auspuff.

Chauffeur

a) Dienstfahrer, der zwar noch die Uniform eines Kutschers trägt, ansonsten aber Formel-1-Rennen-trainiert sein sollte.
b) Französische Bezeichnung für Heizer. Kommt noch aus der Zeit, als die Firma DKW Dampfkraftwagen mit Kohlenantrieb herstellte. Auch heute noch benötigt der Fahrzeugbesitzer Kohlen, allerdings nicht mehr für den Audi, sondern für den Unterhalt des Chauffeurs.
c) Fahrer eines Audi A8, den sich ein A8-Besitzer leisten kann, während sich der Fahrer den A8 (noch) nicht leisten kann.

Chronik

1873	Christian Schmidt und Heinrich Stoll kaufen eine Strickmaschinenfabrik in Riedlingen und gründen damit die Neckarsulmer Radwerke, die sie 1892 in NSU umbenennen.
1895	Johan Baptist Winklhofer und Richard Rolf Jaenicke gründen die Fahrradhandlung „Chemnitzer Velociped-Depot“, aus denen die Wanderer-Werke hervorgehen.
1899, 14. November	August Horch gründet in Köln seinen ersten Betrieb für Autoreparaturen. Drei Tage nach Karnevalsbeginn.
1904, 12. März	Gründung der Motorwagenwerke A. Horch & Cie., Motorwagenwerke AG, in Zwickau; Übersiedlung nach Zwickau.
1904	Rasmussen gründet in Chemnitz die Rasmussen & Ernst GmbH mit Dampfkesselarmaturen und Abdampftölern, aus denen die Firma DKW hervorgeht.
1910	Nachdem August Horch nicht richtig ge-horchte, wird er zusammen mit seinem Oberingenieur Lange von der Firma Horch entlassen. Sogleich gründet er ein paar Kilometer weiter eine neue Firma, die er nach verlorenem Rechtsstreit mit seiner ehemaligen Firma nicht Horch nennen darf. Deshalb nennt er seine neue Firma Audi, was auf lateinisch soviel bedeutet wie „höre!“ oder „horch!“
1912	Der W1 („Puppchen“) als erster Serienwagen von Wanderer kommt auf den Markt und erfreut die Herzen vieler „Puppchen“ und Puppenväter.
1916	Rasmussen führt seinen Dampfkraftwagen (DKW) trotz „Volldampf“ erfolglos in Deutschland ein.
1932	Die Auto Union wird durch Zusammenschluß der Marken Audi, DKW/Zschopauer Motorenwerke, Horch und Wanderer gegründet.

1899, 14. November

1940

Als gemeinsames Markenzeichen wählen sie die „verschlungenen" vier Ringe. Die einzelnen Marken bleiben bestehen, nur Rennwagen fahren unter der neuen und damit fünften Marke Auto Union.

1940 Die Audi-Produktion wird nach 30 Jahren eingestellt. Damit beginnt für Audi ein Dornröschenschläfchen von 25 Jahren.

1945 In Zwickau wird wieder die Automobilproduktion aufgenommen im „VEB Kraftfahrzeugwerk Horch Zwickau", ab Frühjahr 1956 „VEB Kraftfahrzeug- und Motorenwerk Zwickau (vorm. Horch)", ab Juli 1957 VEB Sachsenring Kraftfahrzeug- und Motorenwerke Zwickau" mit dem Erfolgsmodell Trabant.

1949, 1. Januar In Ingolstadt wird die Auto Union GmbH gegründet, mit der Produktion von DKW-Motorrädern und Lastwagen.

1958, 4. April Die Daimler-Benz AG kauft die Auto Union GmbH rückwirkend zum 1. Januar „mit einer qualifizierten Mehrheit" von 85 % und verkauft sie später im verflixten siebten Jahr an Volkswagen.

1965 Wiedergeburt und Auferstehung von Audi nach 25 Jahren. Die Auto Union reaktiviert den Markennamen Audi, womit sie die alten DKW mit 4-Takt-Motoren, welche die 2-Takt-Stinker ablösen, salonfähig machen will.

1968, Dezember Der letzte DKW Munga wird an die Bundeswehr ausgeliefert. Damit gibt es den letzten DKW.

1969, März Aufkauf der NSU-Motorenwerke (Neckarsulm) durch VW und Zusammenschluß mit der Auto Union (Ingolstadt) zur Audi NSU Auto Union Aktiengesellschaft. Damit existiert nach 37 Jahren wieder ein Unternehmen mit dem Namen Audi.

1995 Das zweite Audi-Leben währt nun ebenfalls schon 30 Jahre. Kommen jetzt wieder 25 Jahre Pause?

Code

Sicherheits-Zahlenkombination zur Inbetriebnahme eines Audi-Radios. Vergißt du sie – vergiß es!

Computer

a) Bord-Rechner in einem fahrbaren Büro. Für die Programmierung darf der EDV-Experte des Audi-fahrenden Chefs im Kofferraum Platz nehmen, während sich seine Sekretärin auf der Rückbank mit dem Anwenderprogramm beschäftigt. Vernimmt der Fahrer nun allerdings verdächtige Crashgeräusche, so muß nicht er selbst in einen Unfall verwickelt sein, sondern nur seine Angestellte im Computerspiel.

b) Entwickelt als Instrument gegen die Langeweile der mitfahrenden Kinder. Inzwischen entdeckt auch der Audi-Fahrer selbst das Kind im Manne und kauft sich seinen Bordcomputer im Audi.

Crash-Sensor

Sehr intelligentes Meßinstrument in einem gut ausgestatteten Audi. Meldet beim Crash einen Crash! Damit kann man auf den Einsatz des Popometers (siehe dort) verzichten.

Crashtest

a) Tätigkeit, bei der man einige wenige fabrikneue Audis ohne den unnötigen Umweg über die Autofahrer direkt der Abfallrückführung (siehe dort) zuführt.

b) Verfahren zum Test des Crash-Sensors (siehe dort).

D

Dachreling

Seemännische Bezeichnung für das Geländer auf Schiffsdächern, damit die Passagiere nicht über Bord fallen. Bei Audi Dachkonstruktion für die Avant-Modelle. Sieht ganz gut aus, aber weiß der Teufel, wofür sie bei Autos gut ist.

DeKaWe

Abkürzung für die **D**eutschen **K**abel-**W**erke, die den Rechtsstreit wegen der Namensähnlichkeit zu DKW gewannen. Mit Hilfe finanzieller Mittel wurde ein Vergleich gefunden, so daß DKW nicht den

Dachreling

Diebstahlwarnanlage

schon eingetragenen Markennamen DGW (siehe dort) einführen mußte.

Deutschland Audi-Heimatland. Von hier machen sich viele Audis auf, um in aller Welt die vier Ringe zu vertreten.

DGW Abkürzung für das „Das Große Wunder“, eingetragenes Markenzeichen der DKW. Wurde allerdings nicht benutzt, weil DKW (siehe dort) schon Wunder genug war.

Diebstahlwarnanlage Gibt dem Audi-Besitzer ein letztes Lebenszeichen seines geliebten Vehikels, wenn sein Auto geklaut wird.

Digitaluhr Im Audi auf Anfrage einbaubare Uhr mit Doppelfunktion. Neben der Zeitanzeige beinhaltet sie eine Kapsel mit Digitalis, für Selbstmörder.

DKW Ehemalige Automobilmarke. Eigentlich die Abkürzung für die „Dampfkraftwagen“ des Herrn Rasmussen, der im Ersten Weltkrieg in Deutschland einen mit Dampf angetriebenen Wagen anbot. Spätere Bezeichnungen für die Abkürzung waren: „Deutscher Kinderwagen“ oder „Das kleine Wunder“.

DKW Monza

a) Markenname eines 2-Takt-Sportwagens der Firma DKW, von 1955 bis 1958 in einer Stückzahl von 155 gebaut und 155 km/h schnell. Damit erfolgreicher als die Zwickauer 2-Takt-Kollegen, die ihre „Rennpappe“ leider nicht auf diese Leistungskennziffern trimmen konnten.

b) Wegen des „Erfolgs“ des DKW-Modells versuchte sich auch die Automobilfima Opel Jahre später an einem Modell mit der Bezeichnung Monza. Mit ähnlichem Erfolg.

DKW-Schneckenlenkung Innovation aus dem Hause DKW. Nach dem Krieg war Technik Mangelware. Deshalb wurden sogar Schnecken eingesetzt, um Autos zu lenken.

DKW-Schnellaster	Erfolgreiche Markteinführung leistungsstarker Kleinkraftlastwagen, nachdem Rennschnecken die Lenkung übernahmen.
Drehstrom-Synchronmotor AUDI	Innovation im Audi duo. Mit 22 kg extrem leichter wassergekühlter Fahrzeugmotor. Die Idee stammt aus dem Schwimmsport, wo Synchronschwimmerinnen sich ebenfalls erfolgreich wassergekühlt im Strom drehen.
Drehzahlbereich	Der Bereich auf dem Drehzahlmesser, in dem der Audi-Motor fröhlich (weiß) oder angestrengt (rot) dreht. Dreht er durch, ist er im Eimer.
Dresden	Audi-Modell von 1931, Typ T. Das T stand für teuer, deshalb wurden nur 100 Stück verkauft.
Drosselklappen-Potentiometer	Bayerisches Instrument zur Messung des Durchflugpotentials am Einflugloch von Drossel-Nistkästen.
DSP Dynamisches Schaltprogramm	Krönung Ingolstädter Ingenieurskunst. Mißt und speichert den Fahrstil des Fahrers, die Fahrbahnbeschaffenheit und das Straßenprofil des Audi duo. In der weiter geplanten Entwicklung kann somit der Fahrer durch eine persönliche Dummypuppe ersetzt werden. Gleichzeitig werden alle Fahrten in Echtzeit im Internet simuliert.
Durchschnitts-geschwindigkeit	a) Statistische Größe für die Geschwindigkeit normaler Fahrzeugmodelle. Da Audis kein Durchschnitt sind, fahren sie grundsätzlich immer überdurchschnittlich. b) Die Geschwindigkeit, mit der ein Audi-Fahrer ein Brot durchschneiden kann.
Durchzugsschwäche	a) Bezeichnung eines bestimmten Windverlaufs in einem Automobil. Wird vielen Audis nachgesagt, weshalb diese Modelle bei älteren Damen gefragt sind. Diese vertragen keinen Durchzug. b) Wenn in einem Audi die Fenster und das Schiebedach nur halb geöffnet sind, so liegt eine extreme Durchzugsschwäche vor.

Drehzahlbereich

Emblem

E

EBV	Abkürzung für „Elektronische Bremskraftverteilung“. Erleichtert dem Audi-Fahrer die Entscheidung, welche Bremsen er benutzen soll.
Einparkhilfe, elektronische	Von Audi entwickelter Parklückenroboter.
einsteigen	Tätigkeit des Betretens eines Audis. Verschiedene Techniken sind denkbar. Bei der Limousine normal durch die Türen, weniger normal durchs Schiebedach oder den Kofferraum. Beim Cabriolet mit Schwung über die Türen oder das Heck hinweg. Hochspringer haben eine zusätzliche Chance über die Frontscheibe.
Emblem	Optischer Ausdruck einer Marke oder einer Organisation. Olympia hat fünf Ringe, Audi bisher nur vier. Deshalb wird in Ingolstadt diskutiert, eine weitere Marke zu erwerben. Die Mutterfirma VW kann ebenfalls nur auf vier denkbare Ringe verweisen: VW, Audi, Seat und Skoda.
Eroberungsrate	Leistungskennziffer bei Verwendung von Abschlepphaken und Abschleppseil (siehe dort). Erfolge je hundert Versuche.
Exklusivität	Alles, was in der Grundausstattung inklusive ist, kann nicht exklusiv sein. Je mehr Zusatzausstattung im eigenen Audi inklusive ist, desto exklusiver ist das Auto im Vergleich zu anderen Fahrzeugen. (Siehe auch Ausstattungsliste.)

F

Facelift
Bezeichnung für die in der Automobilindustrie nach einigen Jahren Produktionszeit notwendige Verjüngungskur von Automodellen. Bei Audi eher selten durchgeführt, da die Audi-Schönheitschirurgen in der Regel nur kleinere Veränderungen vornehmen müssen, so daß die neuen Modelle sehr den alten ähneln – oder war es umgekehrt?

Fahrbahn
Übungsstrecke für Ingolstädter Staubsaugerpiloten.

Fahrdynamik
Grad der Beherrschung des Audis durch seinen Audi-Fahrer. Zeigt sich in der dynamisch-verkrampften Gesichtsfarbe.

Fahrer-Airbag
Audi-Ausstattungsdetail für sparsame Autokäufer, bei dem der Fahrer selbst als Airbag eingesetzt werden soll, so daß die hohen Einbaukosten des Fullsize-Airbags entfallen.

Fahr-er-leb-nis
Audi-typisch. Bezeichnung für all das Wunderbare, was beim Fahren eines Audis passiert.

Fahrersitz
a) Sitzgelegenheit in einem Audi für den Fahrzeuglenker. Je nach der Größe und Anatomie des Fahrers wird unterschieden in: Sessel, Hochsitz, Schneidersitz, je nach Alter des Fahrers in Töpfchen, Kindersitz, Schalensitz oder Ohrensessel.
b) Ausdruck des Instruktors bei den beliebten Audi-Sicherheitstrainings: „Fahrer, sitz“. Ebenfalls bedeutend ist der Ruf: „Fahrer, Platz“.

Fahrer, sportlicher
Fahrende menschliche Spezies, die sich im allgemeinen durch ein sportliches Aussehen auszeichnet. Der sportliche Audi-Fahrer verfügt allerdings zusätzlich über ein Automobil, was ihm ein sportliches Image ab Werk mitliefert. Will er ein hypersportlicher Fahrer werden, macht er noch das Audi- Fahrertraining mit.

Fahrer, sportlicher

Fahrgastzelle, stabil

Fahrgastzelle, stabile	Räumlichkeit, ähnlich der Ausnüchterungszelle. Absolut sicher! Kommt keiner so schnell raus.
Fahrgestell	Männliche Fahrer interessieren sich heute leider häufiger für das Fahrgestell ihrer Beifahrerin als für dasjenige ihres Audis.
Fahrkultur	a) Technologietransfer auf Audi-Niveau. b) Setzt bei Audi-Fahrern das Mitführen des Kulturbeutels voraus.
Fahrmanöver	a) Begriff aus der Nautik. Bezeichnet das Einparken oder genauer das Anlegen von Schiffen am Steg. b) Paramilitärische Übung junger Audi-Piloten.
Fahrspaß	Holperstrecken mit Schlaglöchern, Hindernisrennen und regennasse Wildwasserbahnen bieten dem Audifahrer mehr Spaß, als der Besuch eines Freizeitparks es könnte.
Fahrstil	a) Ausdruck für die Audi-Fahrweise, für die es Kürnoten gibt. b) Neben dem Fahrrad und dem Fahrstuhl gängiges Fortbewegungsmittel. Auf ihm sitzt die Hexe und reitet zum Blocksberg.
Fahr- & Sicherheitstraining	a) Trainingslager zur Beherrschung eines Audis. Hat kein Audi-Fahrer wirklich nötig. b) Wird nur für Nicht-Audi-Fahrer angeboten, die Audi-Fahrer werden möchten.
Fahrweise	Audis Werkshymne.
Fahrzeuggewicht	a) Maßeinheit für die Gewichtsbelastung eines Automobils. Da gibt es auch bei den Audis ein zulässiges Gesamtgewicht (siehe dort), das nicht überschritten werden darf. Also, Kinder, wenn schon bei Papa und Mama auf der Waage jeweils der Spruch erscheint: „Bitte nicht in Gruppen auf die Waage treten!“, dann rechnet lieber noch einmal nach, ob ihr guten Gewissens zusteigen könnt.

b) Das Maß ist voll, oder die Maß ist voll. Spezifisch bayerische Variable, determiniert durch individuell unterschiedliche Faktoren.

Fahrzeugpapiere

a) Paß des Audi-Fahrzeugs. Mit bayerischer Flagge. Für den Fahrer gibt es aber bisher keinen bayerischen Paß.
b) Visitenkarte eines Audis.

Farmerwagen

Erstes Automobil mit eindeutig landwirtschaftlicher Zielgruppe der Wanderer-Werke.

Feuerlöscher

Kollege des Zigarrenanzünders. Während jener die Zigarren (u. a.) zündet, kann der Feuerlöscher vor oder während des Gebrauchs löschen.

Frontscheibe mit Grünkeil

Ökovariante der Frontscheibe. Simuliert dem Audi-Fahrer, daß alle Bäume immergrün sind.

Fünfventiltechnik

Innovation im Audi-Motorenbau. Drei Einlaßventile sorgen für erhöhte Sauerstoffzufuhr. Zwei Auslaßventile sorgen für einen Stau am Ausgang.

Fußbremse

Spezielle Bremsform im Audi-Cabriolet. Wenn der Fahrer seine Füße aus dem Schiebedach hervorstreckt, ist es vorbei mit jedem c_w-Wert, daher größere Bremswirkung.

G

Gang

a) Fortbewegungsart. Der Audi hat keinen, denn er geht ja nicht, sondern er fährt.
b) Bezeichnung für Fortbewegungsarten. Während ein Pferd 1 PS mit drei Gängen aufweist, hat ein Audi z. B. mit 150 PS deren nur fünf (plus ein Rückwärtsgang), rein rechnerisch also insgesamt genau 445 Gänge weniger.

Fußbremse

Geräuschniveau

Gaspedal	Glücksbringer für Pedalritter.
Geräuschniveau	Bei Audi haben auch die Geräusche Niveau. Deshalb diese Bezeichnung.
Geschäftsreisen	Klassisches Einsatzgebiet des Audi. Man reist in ihm den Geschäften hinterher.
Geschwindigkeitsmesser	a) Schneidewerkzeug zum Trennen der Geschwindigkeit. b) Entfernt verwandt mit dem Käsemesser. Dort, wo der Zeiger des Geschwindigkeitsmessers die Käse-, äh ... Tachoscheibe in zwei Teile schneidet, liegt die aktuell gefahrene Geschwindigkeit.
Getriebeübersetzung	Tätigkeit eines bei Audi beschäftigten Dolmetschers, der während der Fahrt die Lautmalung des Getriebes für den Fahrer übersetzt.
Gitterrohrrahmen	Fahrzeugversteifungen. Bisher unbestätigten Gerüchten zufolge sollen Wettbewerber auf dem PKW-Markt zur Erzielung weiterer Kostenersparnisse bereits intensiv an Streichholzrahmen als Alternative arbeiten.
Glatteiswarnung, integriert	Sicherheitsausstattung besserer Audis. Im Prinzip ein Tonband, welches zwischen November und März vor Glatteis warnt.
Großabnehmer	Abnehmer eines Audis, die eine bestimmte Mindestgröße überschreiten. Der derzeitige Wert in cm ist uns leider nicht bekannt. In den asiatischen Ländern hat Audi jedoch viele Kleinabnehmer.
Gurt	An Türholm und Sitz befestigter Riemen. Er dient zur sicheren Befestigung der Audi-Insassen während der Fahrt. Heißt eine dieser angeschnallten Personen Johann oder Johanna, so nennt man das Jo-gurt.
Gurtstraffer, pyrotechnischer	Technische Errungenschaft im Audi duo, untergebracht in den Vordersitzen. Sorgt dafür, daß zu Ehrentagen ein automatisches

	Feuerwerk für den Fahrer und auch für den Beifahrer entfacht wird. Gleichzeitig wird dem Feuerheiligen ein Lied gewidmet.
Gurtstrammer	Versucht, den Raum zwischen Gurt und Sitz, in dem sich der Fahrer befindet, möglichst klein zu halten.
Gurtsystem, ergonomisches	Audi-Ausstattung, die eine Anpassung des Audi-Fahrers an die ergonomische Form seines Fahrzeugs ermöglicht. Führt bei untersetzten Personen u. U. zu Atemnot.

H

Handbremse	Ausstattung für jüngere Audi-Fahrer. Bremst die Hand des Fahrers unmittelbar vor den Knien der Beifahrerin ab.
Härtetest	Wenn der Fahrersitz am Hinterteil keine Schwielen hinterläßt.
Hohe Klasse	Klassenziel bei den Audi-Modellen, das auch für Quereinsteiger zu erreichen ist.
Hohlraumversiegelung	a) Anderer Ausdruck für Motorradhelm. b) Schutz der Hohlräume durch Ausfüllen mit Füllstoffen, z. B. Wasser, Rost, Beton oder Wackelpudding.
Horch, August	Gründer der gleichnamigen Werke, auch Gründer von Audi. Ab Juni 1896 Betriebsleiter bei Carl Benz, ab 14.11.1899 in einem Pferdestall in Köln-Ehrenfeld Reparaturwerkstatt (siehe Chronik). 20.2.1920 auch bei Audi raus, 1933 als Aufsichtsrat bei Auto Union, 1922 Ehrendoktor, 3.2.51 in Münchberg/Oberfranken verstorben. Soll 1899 den Quattro-Antrieb erdacht haben, aber Herr Benz war dagegen.
Horch Modell 1953	Letzter echter Horch, von der Auto Union in Ingolstadt als Einzelstück gebaut. Ähnelte dem Mercedes 300; landete aber auf einem Schrottplatz in den USA.

Gurtstrammer

Horch Modell 1901

Erster selbstkonstruierter Horch. Besaß als erstes Fahrzeug in Deutschland Kardanantrieb und Reibungskupplung. Insbesondere durch die Reibung sicherte sich Herr Horch schon damals ein ausgiebiges Ersatzteilgeschäft. Die Reibung sorgte für einen hohen Absatz an Reibungskupplungen.

Horch Zwickau

Erfolgreicher Fußballverein der DDR. Im Endspiel um die Fußballmeisterschaft Sieg über den Dresdner SC mit 5:1. Die Mannschaft hatte zwei Vorteile: Erstens ge-horchte sie als einzige Mannschaft der Liga dem Trainer, und zweitens konnte sie – aufgrund von Horch-Übungen – ankommende Bälle schon im Ansatz ihrer Flugbahn hören.

Hubraum

a) Raum für die Hupe.
b) Der Raum um das Auto herum, in dem man die Hupe hört.

100

Magische Zahl im Automobilbau. Deshalb ein auf der Basis von Motoren und Karosserieberechnung der Mecedes Benz AG entwickeltes Audi-Erfolgsmodell. Spötter der neidischen schwäbischen Konkurrenz behaupten, das Modell hätte der nächste Baby-Benz mit der Bezeichnung MB 100 werden sollen.

Hybridantrieb

Mischung aus umweltschädlichem und umweltfreundlichem Motor, aber heißt es nicht auch, daß viele Köche den Brei verderben? Deshalb der Werbename Hybridantrieb und nicht Breiantrieb.

I/J

Ingolstadt

a) Geburtsstadt der Audi-Produktion ab 1949. Ort mit guter Verkehrsanbindung.
b) Sitz des Ober-Audi.

Innenausstattung

Der Audi ist edel und geschmackvoll gestaltet, sowohl was die Möblierung als auch die Armaturierung betrifft.

Hubraum

Japaner

Japaner

a) Sammelbegriff für bestimmte asiatische Konkurrenzprodukte. Früher eher Plagiate, heute schon mal Grundlage eigener Plagiate.
b) Kleinstabnehmer von Audi-Fahrzeugen (siehe Großabnehmer).

K

Kakophonie

Bezeichnung für die Geräuschentwicklung der ersten Fünfzylinder von Audi und Herrn Piech.

Kaltstart

Bezeichnung für die Ingangsetzung eines Audis im Winter. Im Sommer heißt's folgerichtig Warmstart.

Karosserie, vollverzinkt

Qualitätsmerkmal eines Audis. Besagt jedoch leider, daß gute Chancen bestehen, daß die Karosserie des Audis älter wird als sein Motor. Einziger Trost: Wenn Nachwuchs und neuer Audi beim Kunden gleichzeitig eintreffen, dürfte der Verlust des Motors zeitlich kaum vor dem letzten Schaltjahr des Sprößlings liegen.

Kat

a) Ein Katalysator dient zur Ingangsetzung oder Beschleunigung einer chemischen Reaktion. Der Katalysator des Audis ist eine Reaktion auf Sorgen um die Umwelt und dient dem umweltbewußten Gewissen seines Fahrers.
b) Abkürzung für: Kein Audi-Typ.

Käuferschicht

Bei der erfolgreichen Markteinführung des A3 schichteten sich die Käufer mehrlagig. Die Auflösung dieser Schichten wird noch einige Zeit in Anspruch nehmen.

Kaufpreis

a) Preis, für den man etwas kaufen soll, es aber selten tut, weil es immer irgendwelche Rabatte (früher) oder Aufschläge (heute) gibt.
b) Ende einer Preis-Spirale.

Keilform

a) Typische Designform von Automobilen der 90er Jahre. Auch bei Audi. Soll dadurch enstanden sein, daß einige Designer eines hier

nicht zu nennenden Automobilherstellers eine Keilerei mit der Modellknete durchführten.
b) Andere Stimmen behaupten, der Nachwuchs des Chefdesigners sei kurz vor der Präsentation auf das Knetmodell getreten. Um die Präsentation nicht zu gefährden, habe man sich kurzerhand entschlossen, die entstandene Keilform als Arbeitsergebnis vorzustellen. Ein Erfolg – wie wir alle wissen.
c) In Anlehnung an frühe Keilschriften wurde die Keilform gewählt, um so die Unvergänglichkeit des Audis zu dokumentieren.

Keilriemen

a) Gürtel, an dem die Neandertaler ihren Faustkeil befestigten, bevor sie das Rad erfanden und den Keilriemen unter die Motorhaube des Audis verbannten.
b) Als Damenstrumpf-Ersatz nutzbares Audi-Ausstattungsteil.

Kettenraucher

a) Besondere Spezies von Süchtigen, die auch in Audis zu beobachten ist. Selbige rauchen Ketten.
b) Raucher, die gern Ketten tragen. Die vier Ringe des Audi symbolisieren die Kette, daher ist der Audi das traditionelle Gefährt eines Kettenrauchers.

Kilometerstand

a) Ausdruck der Börse. Wie steht denn der Kilometer heute?
b) Schon vor dem Verkauf vermittelt der Kilometerstand eine Vorstellung über den Wertverlust.

Kilometerzähler

Berufsgruppe, die auf den Bundesautobahnen Kilometer zählt. Ähnlich den Gleisgängern der Deutschen Bahn AG.

Kinderkrankheiten

Auftauchende Krankheiten bei neuen Modellen. Auch bei Audi-Modellen. Dafür haben Audis allerdings keine Erwachsenkrankheiten oder etwa Frauen- und Männerleiden.

Kindersicherung

a) Noch nicht ganz ausgewachsene Autosicherung.
b) Erfindung der Autohersteller. Aufgabe: Kinder sollen aus den PKWs nicht heraus- und Erwachsene häufig nicht hineinkommen.

Kilometerzähler

Klimaanlage, Automatik	Jeder Sitz hat sein eigenes Klima: der Fahrer Sommer, der Beifahrer Herbst, die hinteren Passagiere Frühling ... Gleich vier Jahreszeiten oder vier Buchstaben.
Kofferraum	Rauminhalt eines oder mehrerer Koffer, der häufig mit dem Volumen eines Audi-Kofferraums nicht übereinstimmt.
Komfort-Schließanlage	Sonderausstattung besserer Audi-Modelle. Dabei schließt sich das Fahrzeug besonders komfortabel, z. B. vom Fernsehsessel aus.
Kompaktauto	Automobil, welches sich durch eine besonders kompakte Bauweise auszeichnet. Bei Audi mit A3 sogar so kompakt geraten, daß der „Baby-Audi" noch Pampers der Größe 2 benutzen kann.
Kompaktklasse	Fahrzeuge, die nur im Pulk gefahren werden können.
Konkurrenz	Bezeichnung für die Erfolgsstory deutscher Premiumautomarken, denn Konkurrenz belebt das Geschäft. Die Konkurrenz von Audi ist Daimler-Benz, ebenfalls in Süddeutschland gelegen. Auch dort spricht man stolz eine besondere Sprache, die sich von der bayerischen aber trotzdem grundsätzlich unterscheidet.
Kontrolleuchte	a) Leuchtet zur Kontrolle seiner Funktionstüchtigkeit. Folgerichtig bedeutet dies: Wenn sie nicht leuchtet, ist sie kaputt. b) Typisch deutsche Informationseinheit. Leuchtet sie, dann muß etwas kontrolliert werden (meist das ganze Auto).
Kopfstützen, im Fond	a) Audi-Ausstattungsgegenstände, damit die Mitfahrer hinten nicht vor Sorgen um ihre Sicherheit grübelnd ihre Köpfe auf die Hand stützen. b) Schutz vor Genickschüssen auf italienischen Autobahnen in der Nähe von Neapel. In diesem Fall spricht man von Anti-Mafia-Schonkonstruktionen.

Klimaanlage, Automatik

Kraftentfaltung

Kotflügel

a) Musikinstrument, auf dem man die Codes für Audi-Autoradios spielen kann.
b) Besch... und unförmiges Klavier. Audi-Fahrer verlassen sich für ihren Musikgeschmack lieber auf eine eingebaute Hi-Fi-Anlage.
c) Bei manchen Autos kommt zu den Kotflügeln auch noch ein Heckflügel. Fliegen können sie aber meist auch dann noch nicht.

Kraftentfaltung

Geburt der Audi-Kraft. Zur Kraftentfaltung packt der Fahrer aus dem Handschuhfach sein Sandwich aus, faltet es auseinander und findet eine Kraft-Scheiblette mit Kraft-Ketchup drin. Letzterer kleckert auf den Sitz, was dem Fahrer Kraftausdrücke entlockt.

Kraftstoffanzeige

a) Instrument, welches anzeigt, daß dem Motor bald die Kraft ausgeht, weil kein Stoff mehr im Tank ist.
b) Anzeige in einer Zeitung, in der große Firmen der Mineralölindustrie kundtun, daß sie an ihren Tankstellen neben Brötchen und Bier auch Kraftstoff verkaufen.

Kraftstoffverbrauch

a) Dokumentiert Funktionstüchtigkeit der Tanknadel. Steht meist in reziproker Relation zum Kontostand.
b) Während ein Audi wenigstens 5-6 Liter auf 100 Kilometer braucht, reichen einem Audi-Fahrer schon 3-4 Liter pro „Standabend".

Kraftstoffzufuhr

a) Erfolgt beim Audi ambulant per Injektion.
b) Beim TDI sogar mit Turbo-Injektion.
c) Der Audi-Fahrer nimmt seinen Kraftstoff in vielen Fällen durch das Bierglas zu sich.

Kratzer

Für den Audi-Besitzer ist der Kratzer als Beschädigung der Außenhülle seines Audis eine Art Horror-Thriller, dem er im schlimmsten Alptraum nicht am eigenen Fahrzeug begegnen möchte. Weder mit einem Heftpflaster noch mit Mamas Beruhigungskünsten läßt er sich dann trösten.

Kraus, Ludwig	Entwicklungschef des Audi 100, baute ab 1965 heimlich, gegen den VW-Vorstandswillen, den Audi 100 und bekam dafür 1969 den „Hobby-Oscar“, obwohl das wirklich eine absolut professionelle Leistung war.
Krückstockschaltung	Schon im Audi-Front von 1935 eingebaute Schalttechnik mit besonders langem Schaltstock. Einsatz vom Alter des Fahrers abhängig. Damit kann man sogar vom Rücksitz aus noch schalten.
Kühler	a) Deutsche Übersetzung von *cooler.* Moderne Audi-Fahrer geben sich cool, egal, was ihnen vor den Kühler läuft. b) Braucht jedes Auto, damit ihm nicht zu warm wird. Ist er defekt, erleidet auch der Motor eines Audis einen Hitzekoller.
Kühlmittelstand	Position, bevor der Audi losfährt. Danach lautet die korrekte Bezeichnung Kühlmittelbewegung.
Kühlschrank	Zur standesgemäßen Bewirtung der Fahrgäste im Audi ist er obligatorisch. Er enthält entweder Sekt oder Selters. Fährt der Audi ins Gebirge, so gibt es auch Campari on the rocks für die Gäste und Kühlwasser für den Fahrer.
Kühlwasser	Zur Temperaturreduzierung genutztes Eis- oder Kaltwasser kühlt den Audi-Fahrer bei anstrengenden Fragen der Polizei zu Fahrstil und -geschwindigkeit.
Kundendienst	a) Moderne Form des Dienstleistungsgewerbes, das sich mit allen Kunden beschäftigt, die sich nicht selbst beschäftigen können. Jeder, der handwerklich unbedarft oder zu bequem ist, selbst Hand an die von ihm gekaufte Ware zu legen, ruft heute den Kundendienst. b) Der Dienst, den der Kunde zu erbringen hat, damit sein Audi sich wohl fühlt (Waschen, Polieren, Saugen etc.).

Kühlwasser

Lack-Konservierung

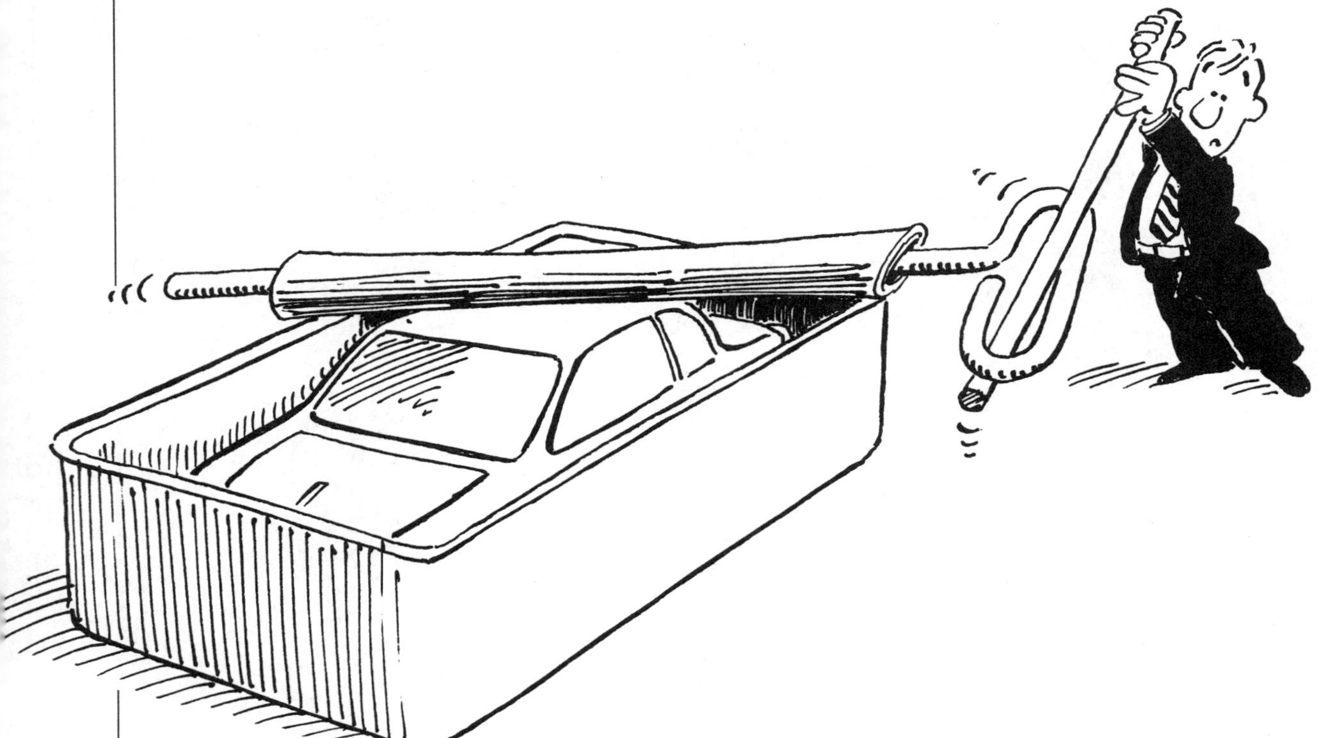

Kundenorientierung

Strategische Ausrichtung der Audi-Marketingpolitik. Hat die Produktorientierung abgelöst. Ist bisher noch nicht komplett umgesetzt, da die Audi-Designer sich bisher weigern, das Design der Fahrzeuge am Aussehen der Kunden zu orientieren.

Kurbelwelle

a) Kurbel zum Aktivieren der Welle im Wellenfreibad.
b) Wenn die Welle des Audi nicht kurbelt, dann steht er entweder still, oder er ist krank.

L

Lack-Konservierung

a) Audi wird durch Lack konserviert – oder wird der Lack durch den Audi konserviert?
b) Eindosen von nicht notwendigen Lacküberschüssen, da bei Audi vollverzinkte Karosserie.

Lange, Hermann

Wegbegleiter und Oberingenieur von August Horch von Benz bis Audi. Nachdem er 1922 verstarb, konstruierte Herr Horch kein Auto mehr!

Laufkultur

a) Musikhören und Zeitunglesen beim Joggen.
b) Bezeichnung für kultiviertes Laufen. Braucht der Audi-Fahrer nicht mehr. Er kann ja fahren.

Laufruhe

a) Die Ruhe vor dem Sturm der Audi-Kraftentfaltung.
b) Wenn du einen Audi hast, dann hat das Laufen Ruhe.

Leasing

Form der Anschaffung von Bruchteilen eines Audi, um diesen als ganzen fahren zu dürfen.

Leasing Card

Bestandteil der umfangreichen Serviceleistungen von Audi für ihre Kunden: Selbst Karten (z. B. für Schafkopf) können bei Audi geleast werden.

Leerlauf	Irreführender Zustand, denn ein leerer Audi ohne Sprit läuft nicht, er fährt nicht einmal.
Leichtbauweise	a) Ausdruck für die sparsame Fabrikationstechnik in Audi-Werken, wo auf besonders leichte Weise die Fahrzeuge montiert werden. b) Bauernfängertrick, der dem Kunden ein hochtechnisches Produkt vorgaukelt, wo ein leichtes gebaut wird. Resultat: Für wenig viel zahlen!
Leihwagen	Bezeichnung für die Nutzung eines Audis als mobiles Leihhaus. Ähnlich dem Pfandleihwagen.
Lenkräder	Räder, die gelenkt werden können. Bei Audi meist zwei vorne und eines im Innenraum. Insgesamt also drei (siehe Allradlenkung, dort sind's sogar fünf).
Lenkradschloß	a) Gerüchten zufolge ein ehemaliges Audi-Projekt, bei dem auf dem Lenkrad ein Schloß installiert werden sollte, von dessen Turmspitzen man beim Fahren auf den Mittelstreifen der Fahrbahn zielen konnte. b) Besonderes bayerisches Schloß, ausnahmsweise nicht von König Ludwig.
Lenkrollradius, negativer	Entsprechend der negativen Einstellung der bayerischen CSU gegen die SPD-Bundesregierung 1972 neu in alle Audi 80 eingebaut.
Lenksäulen-Neigungsverstellung	Ausstattung für die japanische Audi-Ausführung, damit sich das Lenkrad jeden Morgen vor seinem Fahrer verneigt.
Leuchtweitenregulierung	a) Gesetzlich vorgeschriebenes Ausstattungsdetail auch eines Audis. Dabei wird die Leuchtweite der Fahrzeuglaternen reguliert. b) Die Leuchtweite eines Audis kann reguliert werden, indem man seine Umgebung verändert. Nachts leuchtet er weiter als tagsüber, unter Wasser leuchtet er weiter als im Kakao usw.

Leichtbauweise

Lichthupe

a) Eigentümliches optisches Phänomen. Erscheint nur im Rückspiegel der Nicht-Audi-Fahrer.
b) Hupe, die ihr Signal mit Lichtgeschwindigkeit aussendet, so daß der Fahrer es nicht hört. Problem: Der Angehupte hört es leider auch nicht.

Lichtmaschine

Weiterentwicklung der Eismaschine. Statt Eis erzeugt sie Licht, auch tagsüber.

Liebhaber

Spezielle Personen. Sie kümmern sich liebevoll um ihren Audi oder sammeln gleich mehrere davon, mit Vorliebe neueste Modelle oder Oldtimer. Einige Audi-Fahrer haben lieber ihren Partner lieb – ob im oder außerhalb des Wagens, sprengt den Rahmen dieses Wörterbuches.

Liefertermin

Erlösungszeitpunkt oder Fata Morgana eines Audi-Käufers. Ändert sich immer nur in eine Richtung: später – später – später.

Lieferzeit

a) Lief der Audi die ganze Zeit? Klar, jeder Audi läuft nur eine bestimmte Zeit. Wer also rechtzeitig einen neuen Audi bestellt, braucht sich um die Lieferzeit keine Sorgen zu machen.
b) Manche Audi-Fahrer sind verärgert, weil sie meinen, sie läge für ihr bestes Stück in jedem Falle zu hoch. Bürger in den östlichen Bundesländern wissen aber, daß – freilich unter anderen Umständen – durchaus auch mehr als zehn Jahre für einen PKW möglich sind. Also: *keep cool, fellows.* Er kommt bestimmt.

Linkssteuerung

a) Technische Finesse der Audi-Modelle ab 1923. Da die Dynamik der Audi-Modelle schon damals Überholmanöver gegenüber langsameren Konkurrenzprodukten erzwang, wurde dieser Vorgang mit der Verlegung des Lenkrads von rechts nach links deutlich vereinfacht.
b) Erstmalige Fehlerberichtigung im Automobilbau. Nach langen Testfahrten und Experimenten gelang es Audi als erstem deutschem Automobilhersteller, den Fehler für viele Fahrprobleme des

Lichthupe

Luftfilter

damaligen Straßenverkehrs zu beheben: Das Lenkrad und damit die Steuerung des Fahrzeugs wurde vom Beifahrer auf die Fahrerseite verlegt. Jetzt endlich konnte der Fahrer optimal fahren.

Luftfilter

Audi-Entwicklung der Leichtbauweise für den A8. Ein besonders sparsames Filter, da es nur aus Luft besteht.

Luxuswagen

Bezeichnung in den 30er Jahren für die erfolgreichen Horch-Modelle. Der Luxus bestand darin, daß sich Deutschland mit Horch und Mecedes Benz zwei Luxusmarken leistete.

M

Marke

a) Anhänger am Hundehalsband zum Zeichen, daß der Besitzer für den Hund Steuern bezahlt. Da ein Audi kein Halsband hat, muß die Steuerzahlerinformation ersatzweise auf die Nummernschilder geklebt werden.
b) Während ein Hund seine Marke üblicherweise an einen Baum setzt, setzen Autos und damit auch Audis ihre Marken in die Luft: von leichtem Normal über kräftiges Super hin zu schwerem Super verbleit, Super Plus bis schließlich zu hochintensivem Diesel.

Markentreue

Sogar Fahrer, die keine eheliche Beziehung mit ihrem Audi eingehen, halten dieser Marke die Treue. Der Vorteil: Alle Hochzeitsformalitäten bleiben ihnen erspart.

Marktstrategie

a) Plan, wie man am Samstagmorgen mit dem Audi zum Wochenmarkt kommt und auch noch einen Parkplatz findet.
b) Strategie, mit der ein unbeliebtes Auto (kann also kein Audi sein) am Markt für Neu- oder Gebrauchtwagen zu einem Renner gemacht werden soll.

Meisterklasse

Erfolgreiches DKW-Modell der 50er Jahre. Wurde als Meisterstück der Ingenieure erbaut. Die Gesellenstücke wurden unter anderer

Mittelklasse

Bezeichnung vermarktet. Von einem Versuchsmodell der Lehrlingsklasse ist allerdings nichts bekannt.

Mercedes Benz Zwischenhändler und Spekulant. Käufer und schneller Weiterveräußerer des Audi-Werkes. Die Höhe des Gewinns bleibt Spekulation.

Mikkola, Hannu Finnischer Audi-Pilot, der 1983 mit dem Schweden Arne Hertz auf Audi quattro Rallye-Weltmeister wurde. Ein Konkurrent stellte den Antrag, den Titel abzuerkennen, weil er sich unberechtigtes Doping zu eigen gemacht habe: Doppelherz – neben seinem eigenen Herzen noch das Hertz auf dem Beifahrersitz.

Mikrofilter Filtert Mikros, nicht Pollen oder Luft (siehe auch Luftfilter).

Mittelarmlehne Audi-Ausstattungsdetail. Fördert enorm die Gemeinsamkeit zwischen Fahrer und Beifahrer(in).

Mittelklasse

a) Schulklassen zwischen Grund- und Oberstufe, die aufgrund der Pubertät unberechenbar sind. Manchmal so sehr, daß sich die Eltern nur noch einen Wagen der Audi-Mittelklasse leisten können.
b) Erste Aufstiegsklasse bei Audi-Fahrern. Der neue Audi ist zwar „nur" Mittelklasse, aber auch das Loch in der Kasse ist „nur" Mittelklasse, von daher ein Aufstieg ohne Reue.

Modelljahr Bezeichnung für das Herstellungsjahr eines Jahrgangsautos. Die Qualität ist abhängig von der Witterung und dem Ergebnis der jeweiligen Auto-Ernte.

Monoposto Bezeichnung für die Audi-Werkswache, wenn sie nur aus einer Person besteht, dem Mono-Posten.

Motorenabstimmung Demokratieversuch bei Audi, wo man versuchte, auch den Motoren ein Mitspracherecht einzuräumen. Wie man mit dessen Ergebnissen zufrieden ist, hört man von seiten der Motoren an jeder Ampel.

Motorgeräusch

a) Akustische Größen aus dem Motorraum. Ist beim Audi die reinste Musik. Manche Fahrer bauen Tonabnehmer und Verstärker ein, um sie über die Hi-Fi-Anlage noch stärker zu genießen.
b) Audi-Eigenschaft, die der Markenbezeichnung Audi (siehe dort) alle Ehre macht: Horch und höre (lateinisch: audi) diesen Sound!

Motorhaube

a) Deckel der Audi-Schatztruhe.
b) Zusatzausstattung für wertvolle Audis. Setzt man dem Audi auf, bevor man ihn durch die Waschstraße fährt, damit die Frisierung nicht naß wird.

Motorraum

Früher die großzügige gute Stube des Audis. Heute – na ja, nicht nur Wohnraum ist knapp geworden.

Munga

Im Auftrag der deutschen Bundeswehr gebauter DKW-Geländewagen, der als Trabant-ähnlicher Zweitakter mit seiner „Duftnote“ jeden Feind in die Flucht schlagen sollte.

Museum

a) Örtlichkeit, wo die Muse umgeht. Manchen küßt sie sogar.
b) Altersruhesitz für Audi-Oldtimer.

N

Neigungsalarmgeber

a) Ausstattungsteil besserer Audis. Wenn er geneigt ist, gibt er Alarm. Ist er aber nicht geneigt, gibt er keinen Alarm.
b) Ausdruckform eines Babys. Wird ein bestimmter Neigungswinkel überschritten, schreit es.

Neukäufer

a) Frische Käufer, noch nicht abgehangen oder abgestanden.
b) Nachschub für die Audi-Fangemeinde.

Neuwertigkeit

Wissenschaftlich nicht geklärter Expertenstreit: Für einen Audi-Fahrer hält ein gekauftes Auto lange Zeit seinen Neuwert, für die

Neigungsalarmgeber

Niveauregulierung

Versicherung deutlich weniger. Der Streit über den Wertigkeitsfaktor ist nicht mehr ganz neu.

Niveauregulierung Veränderung der soziodemographischen Position eines Automobilkunden. Entscheidet sich ein Käufer erstmals für einen Audi, dann tritt bei ihm automatisch eine Niveauregulierung ein.

Nobelwagen Bezeichnung für die Topprodukte des Hauses Horch in Anlehnung an den Nobelpreis, der bisher nicht für Fahrzeuge vergeben wird. Sicherlich hätte der Horch mehrmals einen solchen Preis gewonnen.

NSU Prinz Nachkriegserfolgsmodell der Firma NSU. War so stürmisch, daß der Motorraum auch während der Fahrt zur Abkühlung geöffnet werden mußte. Heute erinnert nur noch der Schoko-Prinz einer Süßwarenfirma an dieses einzigartige Modell.

NSU Spider

a) Sportliches Spitzenmodell von NSU. Fast ausschließlich von Männern gefahren, soweit sie nicht Angst vor Spinnen hatten.
b) Ausdruck der tiefen Verbundenheit der NSU-Namensgeber. Da das Fahrzeug auch im Ausland verkauft werden sollte, wurde der eigentliche Namensvorschlag „Spinne“ verenglischt. Weitere Namensideen waren: Moskito, Schnake, Libelle und Tausendfüßler.

NSU Sport Prinz Besondere Form eines Prinzen im Märchen. Während der Normalprinz durch Küssen eines gewöhnlichen Quak-Frosches erscheint, muß man den Sport-Prinz durch Küssen eines an der Decke hängenden, sportlichen Frosches wecken.

O

Oldtimer	a) Ganz alte Modelle, die nicht auf dem Schrottplatz gelandet sind, sondern Automuseen ausstatten und in Ausnahmefällen auch noch gefahren werden. b) Wenn er genügend alt ist, dann ist er eine Antiquität, der alte Zeitmesser.
Outfit	a) Bezeichnung für die Statussymbole des Audi-Fahrers. Eigentlich Infit, da Audis in und fit sind. b) *Don't worry,* auch wenn dein Audi mal out ist, fit ist er meistens dennoch!
Oxidationskatalysator	Innovation des Audi duo. Dabei wird die Oxidation – auch Rost genannt – des Katalysators bewußt in Kauf genommen, um dem Trend zum Kunststoffauto entgegenzutreten.

P

Panzer	Gebräuchliches Synonym für Audis: sicher wie in Abrahams Schoß.
Pioniergeist	Führte in früheren Zeiten zur Erfindung des Autos. Heute stellt der Pioniergeist meist die Erfindung eines roten statt eines schwarzen Knopfes dar.
Platten	Mehrzahl für die Haartracht vieler langjähriger Audi-Cabriolet-Fahrer.
Popometer	Ausstattungsdetail des typischen Audi-Fahrers. Mit diesem tief rückseitig angebrachten Instrument kann er jede Unebenheit der Straße messen und so an seine Mitfahrer kommunizieren.

Popometer

PS

Prinz-Heinrich-Fahrt

a) Autorennen nach der Jahrhundertwende. August Horch fuhr hinterher und wurde deshalb in seiner eigenen Firma entlassen.
b) Unter der Prinz-Heinrich-Mütze horcht es sich auch nicht so gut.

Proconten

Vorgängermodell des Airbags mit Seilzügen in den Audi-Modellen, die im Falle des Falles den Fahrer vom Lenkrad wegziehen.

Produktion

a) Herstellung von Automobilen oder Teilen. Merkwürdigerweise stehen bei Audi ca. 500.000 produzierten Autos über 600.000 Motoren gegenüber. Was wird mit dem Überschuß gemacht?
b) Spezielle Form des Puzzles. Da wird aus vielen Schrauben und Teilen ein Audi zusammengemixt.

Prototypen

a) Es gibt Siegertypen, die siegen, Verlierertypen, die verlieren, und Prototypen, von denen man noch gar nicht weiß, ob sie überhaupt laufen.
b) Typologie der Protonen.

PS

Während früher die Bezeichnung „Pferdestärken“ für die Angabe der Leistung eines Motors üblich war, hat sich heute endlich die sehr viel einleuchtendere ostfriesische Bezeichnung „Kilowatt“ durchgesetzt.

Pullman

a) Ehemaliger Hersteller luxuriöser Eisenbahnwagen in den USA. Horch/Audi bezeichnet damit die luxuriösen Varianten ihrer Verkaufslokomotiven.
b) Aus dem Amerikanischen kommende Bezeichnung für besonders große und damit schwere Horch/Audi. *Pull man* bedeutet auf deutsch soviel wie: „Zieh, Mann!“

Puppchen

Frühes erfolgreiches Horch-Modell. Auch früher saß in manchem Puppchen ein flottes Püppchen.

Q

quattro	a) Audi-Bezeichnung für permanenten Vierrad- und nicht Allradantrieb. Die Bezeichnung Allradantrieb ist irreführend, da das Reserverad und das Lenkrad nicht angetrieben werden. b) Sportlicher Audi, hatte vier Räder – nee, vier Räder drehten sich – oder? Mensch, wie war das noch?

R

Rad	Runde Scheibe. Gilt als erste technische Erfindung des Menschen. Es hat als Wurzel in der Geschichte bis heute als unverzichtbarer Bestandteil überlebt. Der Audi wäre ohne es angewurzelt. Hat der Fahrer ein Rad ab, so holt er seinen Ersatzfahrer aus dem Kofferraum.
Radarfalle	Spezielle Mausefalle für Audis.
Radschrauben-Diebstahlsicherung	Selbst Audi-Radschrauben sind so wertvoll, daß sich eine Diebstahlsicherung lohnt.
Recycling	Stell dir vor, du findest deinen Audi als Parkbank wieder. Glaubst du nicht? Kann aber sein.
Reichsklasse	DKW-Modell, das das Dritte Deutsche Reich überlebt hat.
Reichweite	Entfernung, die mit einer Tankfüllung zurückgelegt werden kann, wenn sie nicht vom Fahrer, sondern vom Motor verkonsumiert wird.
Reifen	a) Plural von reif. b) Wenn Reifen reifen, werden sie unter Umständen porös.
Reifendruck	Übt der Audi-Fahrer mit seinen Rädern auf die Straße aus, nicht auf die anderen Fahrzeuge.

Recycling

Rückspiegel

Röhrl, Walter

Erfolgreicher deutscher Rallyefahrer, der mit fast jeder deutschen Automarke Rallyeweltmeister wurde. Natürlich auch mit Audi, wobei er am wenigsten röhr(l)en mußte.

Rosemeyer, Bernd

Erfolgreicher deutscher Formel-1-Rennfahrer auf Auto Union. Stellte einen neuen Weltrekord über zehn Meilen (rund 16,1 km) mit 360,27 km/h im Schnitt auf der Autobahn Frankfurt-Darmstadt auf. Wäre heute nicht mehr möglich; zum einen, weil bei 250 km/h bei Audi Schluß ist, zum anderen aufgrund der anderen Fahrzeuge auf der Autobahn, die einen solchen Rekordversuch unbeabsichtigt behindern.

Rost

a) Kühlergrill, der im Sommer zum Grillen von Würstchen verwendet werden kann, bis diese mit Sauerstoff oxidieren. Dieses Verkohlen eines Audis nennt man Rost.
b) Während der Audi-Fahrer in Ehren ergraut, muß dem Audi vor der Ehre des Alters, dem Rost, nicht grauen. Zink sei Dank.

Rückspiegel

Spezielle Spiegelart, welche in jeden Audi eingebaut wird. Dieser gibt dem Fahrer einen Blick in die jüngste Vergangenheit frei. Ähnlich dem Replay mit Zeitlupe bei Sportübertragungen.

S

Schaltung

Relaiseinheit. Mit ihr werden Ampeln auf Rot, Gelb oder Grün geschaltet. Audi sind an roten Ampeln oft die ersten und müssen deshalb länger warten als andere Autos.

scheckheftgepflegt

a) Für die Wartung des Audis muß der Halter regelmäßig sein Scheckheft zücken. Deshalb sollte dies stets gut gepflegt sein.
b) Qualitätsmerkmal eines gebrauchten Audi. Je gepflegter das Auto, desto ungepflegter das Scheckheft.

Scheibenbremsen

a) Ähnlich dem Scheibenkäse in Scheiben geschnittene Bremsen. Es gibt sie allerdings auch am Stück.

	b) Ehemaliges Audi-Projekt für sehr schnelle Wagen. Beim Bremsen klappten diese ihre Scheiben aus, um zusätzliche Bremswirkung zu erzielen.
Scheibenwischer, Anpreßdruck	Wird bei einem Audi automatisch erzeugt, damit die Scheibenwischer nicht bei hoher Geschwindigkeit abfallen. Audi-Scheibenwischer sind so wertvoll, daß man sie nicht verlieren will.
Schiebedach	Die beliebteste Variante für das Frischluftfahren.
Schlitten	Fortbewegungsmittel auf Kufen, der bayerische Urahn des Audis. Hat sich in der Wendung „ein toller Schlitten" bis heute gehalten.
Schwiegermuttersitz	a) Dritter ausklappbarer Sitz am DKW Roadster von 1932. Aufgrund der starken Windentwicklung auf diesem hinteren Sitz sorgten die Ausfahrten mit obengenanntem Fahrzeug für die einzigen Zeiten mit schweigender Schwiegermutter. b) Früher hatte die Schwiegermutter nicht nur eine besondere Rolle in der Familie, sondern auch einen besonderen Sitz im Auto – alle Achtung.
Sechsganggetriebe	Audi-Getriebe für Lottospieler. Genauso wie sechs Richtige dort ist auch das Treffen der richtigen Gänge Glückssache. Als Äquivalent zu der Zusatzzahl dient hier der Rückwärtsgang.
Sedan-Cabriolet	Horch-Modell von 1926, Erinnerung an die offene Schlacht bei Sedan?
Selbstfahrer	Moderne Version des Autopiloten.
Serviceheft	Papierunterlage, auf der der Audi-Service vorgenommen wird.
Show-Cars	Audi-Fahrzeuge, die sich erfolgreich in Filmproduktionen und Fernsehgalas als Showstars verdingen.

Schwiegermuttersitz

Spiegel

EIN WINK DES SCHICKSALS ... HICKS! MEIN NÄCHSTER ...HICKS... WAGEN IST EIN AUDI!

Sicherheit, passive	Audi-Besonderheit. Hindernisse werden passiv zur Kenntnis genommen und trotzdem umfahren.
Sicherheitsgurt	Haltevorrichtung in Audi-Modellen, die es den Insassen eines Fahrzeugs ermöglicht, Unfälle bis zum Ende mitzuerleben, ohne vorher aussteigen zu müssen.
Sicherheitskäfig	Geniale Erfindung der Audi-Konstrukteure, die Unfälle dadurch verhindert, daß sie potentielle Verkehrstäter in einen Käfig sperrt.
Sicherheitsreserven	Kraftreserven beim Überholen oder Finanzreserven beim Autokauf, beides für Gefahrensituationen.
Sitzhöhenverstellung	Die Revolution seit der Erfindung des Audis selbst – nun kann ihn jeder fahren.
Skisack	Teil des sportlichen Zusatzpaketes für Audi-Fahrer. Da kann man die Skier drin verschwinden lassen. An einem Audi-Sack wird noch gearbeitet.
Sonderausstattungen	Sinnvolle zusätzliche Ausstattungen für den Audi: Spoiler in Wagenfarbe für den Kindersitz, leistungsgesteigerter Zigarettenanzünder, Ersatzlenkrad, Uhr mit Dreiklanghorn als Weckeinrichtung usw.
Sonnenbrille	Okulare der Sonne, die selbige vor ihrer eigenen Bestrahlung schützen soll. Folgerichtig schützt sich auch der Audi-Sonnenbrillenträger vor sich selbst.
Spiegel	Das Orakel des Beifahrers.
Sportliches Fahren	Beginnt beim Anfahren und hört auf beim Verfahren.
Sportpakete	Weihnachtspost aus Bayern. Mit Skiern, Plätzchen und Handschuhen.

Sportsitz	a) Form des Hochsitzes, von dem aus nicht Wild, sondern Autofahrer z. B. durch Radarmessungen gejagt werden. b) Sitz, auf dem man Sport treiben kann.
Sportwagen	Mobiles Fortbewegungsmittel zur Ausübung bestimmter Sportarten. Zu nennen sind z. B. der Golfwagen zum Golfspielen, der Lift zum Skifahren oder etwa der Pferdewagen zum Springreiten.
Sportzweisitzer	Manche Audi-Fahrer haben zwar einen, aber nicht von Audi. Die bauen nämlich noch keine Kinderwagen.
Stahlkurbelhebedach	Ein Schiebehebedach des Audis, welches mit einer Stahlkurbel bewegt werden muß, da es zu schwer für eine normale Kurbel ist.
Standheizung	Gerät zur Erwärmung eines Fahrzeugs während der Standzeit. Wird für den Audi nicht benötigt, da ein Audi in der Regel fährt und nicht steht.
Starthilfe	Finanzspritze zum Kauf des ersten Audis und damit zum Einstieg in die schöne Audi-Welt. Kommt meist nicht von der Bank, sondern von Papa (außer der sitzt auf seiner Gartenbank).
Stau	a) Verkehrsgelegenheit, bei der die Audi-Fahrer sich fragen, warum sie sich kein Flugticket geleistet haben. b) Zwanghafte Versammlung vieler Autos auf einer Fahrbahn, die dann zur Standbahn wird. Der Audi-Fahrer wird zum Audi-Steher und lernt, daß man im Audi nicht nur sicher und bequem fahren, sondern auch stehen kann.
Steuerbefreiung	Trauminhalt. Es mag ja ohne Benzin gehen, aber ohne Steuer?
Stromlinien-Limousine	Horch-Modell des Jahres 1939. Einmalig: Im rechten Vorderkotflügel war ein herausnehmbares Handwaschbecken, mit laufendem Kalt- und Warmwasser, integriert.

Starthilfe

tiefer legen

T

Tachometer	Entfernungsmaß für Audi-Fahrer. Weniger als ein Kilometer und mehr als ein Nanometer. Wieviel genau, wissen wir allerdings auch nicht.
Tachonadel	a) Strick- und Nähinstrument, zum Bewirken des Audi-Tachometers. b) Nadel, die bei den meisten Audis in der Armaturentafel mitgeliefert wird. Will man mit ihr nähen, so zeigt sich jedoch, daß vor Gebrauch umfangreiche Ausbauten notwendig sind. Das kann man verbessern, meine Herren Audi-Ingenieure!
tiefer legen	Ausdruck für die Überführung von Audi-Fahrzeugen von Bayern in die norddeutsche Tiefebene.
Traumfahrzeug	Manche Audis erscheinen einem im Traum. Für Besitzer anderer Fabrikate manchmal zum Alptraum werdend.
Türen, Schließklang	Klong-Kling. Dumpfes Klong, selten unterbrochen durch einen spitzen Schrei eines Audi-Fans, der sein Ohr zu nah an der Tür hatte.
TÜV	Technischer-Übelsucher-Verein. Diese Organisation wird bei den meisten Audis selten fündig, wenn die Besitzer nicht zu übelster Fahrweise neigen.
Tuut	Geräusche der jüngsten Audi-Nachwuchsfahrer. Schon Kleinkinder sind richtig auf Audi gepolt.
Typenbezeichnung, Entfall	Am häufigsten bestelltes Ausstattungsdetail eines Audis, welches man bestellt, um etwas nicht zu bekommen. Kostet deshalb auch nichts. Auch Audi-Besitzer sind zuzeiten sparsam.

U

Übergabedurchsicht, kostenlose	a) Erste Betrachtung des neuen Automobils durch den Besitzer bei Übergabe des Fahrzeugs. Ist bei Audi tatsächlich kostenlos. b) Techniker schaut bei der Übergabe des neuen Audis kostenlos durch die Scheiben, ob Sitze, Lenkrad und andere wichtige Details vereinbarungsgemäß mitgeliefert wurden. Nachbesserungen können an Ort und Stelle als vorläufige Lösung vorgenommen werden (Campingklappstuhl als Beifahrersitz oder ein Rad von Hänschens Bollerwagen als Lenkradersatz).
Überholspur	a) Spur in der Straße, die ein Audi beim dynamischen Überholen hinterläßt (siehe auch Bremsspur). b) Audi-Spur auf einigen Straßen, weißblau bemalt.
Überholvorgang	Bezeichnung für die Stufe der Gangschaltung, mit der ein Audi überholt. Da nur sehr selten rückwärts überholt wird, hat auch der Audi keinen Überholnachgang.
Understatement	Audi, der von der Leistung her gesehen bei der Tourenwagenmeisterschaft mitmachen könnte, aber wie ein gerupftes Huhn aussieht.
Unfall	Gott sei Dank selten. Unfall mit einem Audi erzeugt meist Abfall in größerem Umfang.

Überholvorgang

Verkehrskontrolle

V

V8	Produktbezeichnung eines Gemüsesaftgetränks. Beim Audi sorgte der V8 ebenfalls für Vitalität; hier sind es dann statt acht Gemüsesorten acht Zylinder, mit denen gefahren wird.
VAG	a) Böse Zungen behaupten, da, wo dieses Schild hängt, gibt es „Viele Audi-Gurken“ – ts, ts, ts. b) Abkürzung für: Veritable Audi-Gesellschaft.
Verarbeitung	Qualitätsmerkmal Ihres Audis: Ist die Verarbeitung gut, dann heißt das eigentlich, es hat sich gerade keiner verarbeitet, alle haben nach Plan gearbeitet.
Verbandkasten	Kasten, in dem der Audi-Nörglerverband Platz hat.
Verkauf	Bezeichnung für eine falsche Kaufentscheidung. Kommt bei Audi selten vor. Wer einen kauft, der verkauft sich nicht, sondern trifft in der Regel die richtige Entscheidung.
Verkehrsfunk	Staubestätigung über Radio. Funktioniert das nicht richtig, dann wird der Stau bestätigt, wenn er sich gerade aufgelöst hat, oder man verkündet erfreut freie Fahrt, während Sie gerade völlig entnervt die fünfte Runde um Ihr im Stau stehendes Auto joggen.
Verkehrskontrolle	Kontrolle der Polizei, ob man auch am Verkehr teilnimmt.
Verkehrsmanagement	Regelung des Verkehrs auf einer Kreuzung durch einen Polizisten mit einer Kelle. Er übt dann die Funktion eines Verkehrsmanagers aus.
Vierfingerkrampf	Gesundheitliche Schädigung, typisch für Audi-Cabriolet-Fahrer. Verwandt mit dem Tennisarm der Tennisspieler. Entsteht durch allzu häufige Bedienung der vier Fensterheberknöpfe auf der Mittelkonsole.

Vierventiler
Während unser Audi-Fahrer einen Schreikrampf bekommt, wenn sein Zylinder ein Loch aufweist, gilt für den Zylinder in seinem Audi-Motor: Je mehr Ausgänge, desto besser funktioniert der Zylinder.

Vollgas
Weiterentwicklung von Stadtgas und Erdgas.

vollgasfest
a) Beschreibung des Fahrzeugbodens unter einem Audi-Gaspedal. Auch bei längerfristigem Durchdrücken gibt der Boden nicht nach und hält es aus.
b) Bei normalen Autos heute die Regel. Bedeutet: Motor fällt bei schnelleren Fahrten nicht unerwartet auseinander. Das war früher nicht immer sichergestellt.

VW
Muttergesellschaft! In Wolfsburg! Für die Masse zuständig, aber: Audi für die Klasse.

W

Wankelmotor
Sonderform des Wackelmotors, für den auch Audi eine Lizenz erwarb.

Wärmeschutzglas
Vorkehrung moderner Audis. Soll die Wärme im Fahrzeug daran hindern, nach außen zu entweichen oder, von außen, abzukühlen. (Siehe auch Heizung.)

Warndreieck
a) Warnung über drei Ecken.
b Mathematische Figuration. Wird vor gewarnt.
c) Transportables Verkehrszeichen. Kann überall dort aufgestellt werden, wo Autos eine Panne oder einen Unfall haben. Manche Autofahrer vergessen allerdings, es wieder einzusammeln. Dann warnt es und warnt es und warnt es ...

Vollgas

Wirtschaftlichkeit

Wegfahrsperre, elektronische	Neue Diebstahlsicherung. Es gibt jedoch schon wieder Stimmen, die behaupten, diese Sperren seien auch nicht sicher. Unser Tip: Wenn Sie länger verreisen, dann mauern Sie Ihren Audi ein. Da ist dann wirklich nur schwer heranzukommen.
Werksangehörige	Können zu besonderen Bedingungen einen fabrikneuen Audi erwerben. Alle? Nein. Oder haben Sie schon einmal einen Montageroboter im Audi-Cabrio herumfahren sehen?
Werksferien	Das Werk nimmt sich frei, die Arbeiter müssen zu Hause bleiben.
Werkzeugsatz im Kofferraum	Je größer er ist, desto mißtrauischer sollte man sein. Eine halb als Werkstattwagen ausgerüstete Limousine gerät doch leicht in den Verdacht der Unzuverlässigkeit.
Wettbewerbsvorsprung	a) Begriff aus der Tierwelt, wo eine Gazelle aufgrund eines Vorsprungs einen Wettbewerbsvorteil um das beste Steppengras hat. Auf den Automarkt übertragen heißt das, die Audis grasen schneller ab. b) Neuer Audi-Slogan: „Vorsprung durch Grasen“.
Windabweiser/Windschott	Automobile Ausstattung. Gibt es bisher nur für das Audi-Cabriolet, obwohl Limousinen dem Wind genauso ausgesetzt sind.
Windkanal	Audi-Prototypen müssen sich heute auch im Windkanal beweisen. Ob es von da eine Verbindung zu öffentlichen Wasserstraßen gibt, ob sich der Audi also z. B. auch im Dortmund-Ems-Kanal beweisen muß, konnten wir bisher leider nicht herausfinden.
Wirtschaftlichkeit	Kann auch beim Audi kaum mehr verbessert werden. Während der Audi nämlich in der Werkstatt und an der Tankstelle eher günstiger wird, sind die Versicherungen und der Finanzminister dazu übergegangen, Beiträge und Steuern schubkarrenweise bei den Autofahrern einzutreiben.

www.audi.de „Homepage" auf der Datenautobahn. Auch dort macht Audi eine gute Figur, obwohl Audi noch keine elektronischen Fahrzeuge für diese Autobahn konstruiert hat. Sicherlich kein Problem für die Audi-Ingenieure, wohl aber für die Fahrer!

Y/Z

Yuppie Audi fahren, besser spät als nie, sagt sich diese Kategorie.

Zentralverriegelung Möglichkeit des Audi-Werkschutzes, alle Ausgänge und Tore von der Pförtnerloge aus zentral zu verriegeln.

Zentralverriegelung mit Crash-Sensor Modernes Ausstattungsdetail eines Audis. Verriegelt nicht nur alle Türen auf Kommando, sondern der Sensor ist auch in der Lage, auf das Wort *crash* gleichzeitig alle Türen zu öffnen. Deshalb wird davor gewarnt, sich in solchen Momenten in Reichweite der Audi-Türen aufzuhalten.

Zulassungen Amtliche Eintragung in eine Datei in Flensburg aufgrund einer technischen Überprüfung. Gilt bisher nur für die Audi-Fahrzeuge. Der Möglichkeit, daß auch die Audi-Fahrer für die Audis zugelassen werden sollten, wurde von den Audi-Verkäufern bisher erfolgreich entgegengetreten.

Zweitakter Motoren gibt es beispielsweise als Zweitakter und als Viertakter. Als Ohnetakter werden hingegen oft rücksichtslose Fahrer bezeichnet. Die fahren aber nur ganz selten Audi.

Zwickau

a) Sächsischer Ort mit vielfacher automobiler Tradition.
b) Gemarkung in Sachsen, deren Bewohner beim Zwicken immer „Au!" rufen. Eigenlich müßte der Ort auch Zwick-audi heißen.

Zylinder

a) Hält bei deinem Audi die Kolben in Schach. Gäbe es die wertvollen Zylinder nicht, dann würden die Kolben deines geliebten Audis bei

Yuppie

ICH HABE GESTERN MEINEN ASTON MARTIN UND MEINEN FERRARI GEGEN EINEN AUDI EINGETAUSCHT!

laufender Maschine unter der Motorhaube Twist tanzen.
b) Vornehme Kopfbedeckung des eleganten Audi-Fahrers.

Zylinderkopf

a) Körperteil eines Zylinderträgers. Befindet sich in der Regel direkt unter dem Zylinder.
b) Der Audi-Fahrer hat seinen Kopf unter dem Zylinder, sein Audi hat den (Zylinder-)Kopf über dem Zylinder. Klar, oder?

Zylinderzahl

a) Ehemals gebräuchliche Einheit für die Anzahl der Mitglieder im Audi-Vorstand.
b) Wie im wahren Leben; je mehr Zylinder für dich arbeiten, desto besser läuft die Sache.

Fröhliche Wörterbücher
von A-Z
Bun·des·wehr
Büro
bü·ro·kra·teln
Ca·brio fah·ren
Ca·ra·van & Wohn·mo·bil
Che·mi·ker
Com·pu·ter
Com·pu·ter- & Vi·deo·spie·ler
Com·pu·te·ri·tis
Do it your·self
Dra·chen- & Gleit·schirm·flie·gen
E·D·V
Ei·sen·bahn
Eis·ho·ckey
El·tern
Fall·schirm·springen
fau·len·zen
Fe·ste & Par·tys
Feu·er·wehr
Fit·ness

Fröhliche Wörterbücher von A-Z

In·ter·net
ja·gen
Ju·bi·lä·um
Ju·ri·ste·rei
Kampf·sport
Ka·nu & Ka·jak
Kat·zen
ke·geln
Kin·der
Kin·der·gar·ten
ko·chen
Kom·mu·nal·po·li·tik
Kran·ken·schwe·stern und Pfle·ger

Land·wirt·schaft

Lang·schlä·fer

La·tein
lau·fen
Leh·rer
Lie·be & Part·ner·schaft
Links·hän·der

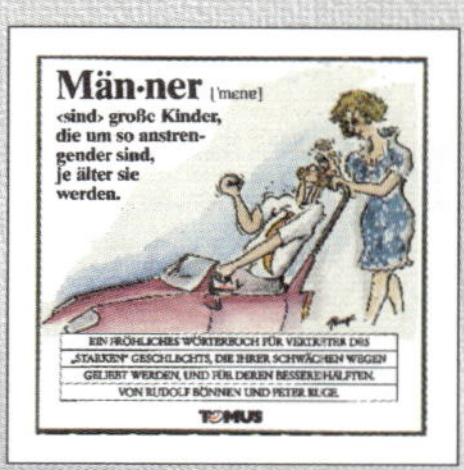

Fröhliche Wörterbücher von A-Z

Fröhliche Wörterbücher von A-Z